TIME
FOR KIDS

La escuela
alrededor del mundo

Dona Herweck Rice

Asesor

Timothy Rasinski, Ph.D.
Kent State University

Créditos

Dona Herweck Rice, *Gerente de redacción*

Lee Aucoin, *Directora creativa*

Robin Erickson, *Diseñadora*

Conni Medina, M.A.Ed., *Directora editorial*

Stephanie Reid, *Editora de fotos*

Rachelle Cracchiolo, M.S.Ed., *Editora comercial*

Basado en los escritos de *TIME For Kids*.

TIME For Kids y el logotipo de *TIME For Kids* son marcas registradas de TIME Inc. Usado bajo licencia.

Teacher Created Materials

5301 Oceanus Drive
Huntington Beach, CA 92649-1030
http://www.tcmpub.com

ISBN 978-1-4333-4469-5

© 2012 Teacher Created Materials, Inc.

Tabla de contenido

La escuela alrededor del mundo

En este momento, en algún lugar del mundo, hay niños que están en la escuela. ¡Y también, algunos adultos!

∨ una escuela en África

▲ una escuela rural en China

▼ una escuela en Tailandia

Desde el momento en que nacemos, comenzamos a aprender. La escuela es un excelente sitio para hacerlo.

Una escuela es cualquier lugar donde hay maestros que enseñan y personas que aprenden. En la escuela, las personas aprenden a leer y escribir. También aprenden a sumar, restar y multiplicar. Aprenden cosas sobre el mundo y cómo funciona. Aprenden música, deportes y habilidades, tal como escribir con el teclado de la computadora, cocinar y pintar.

Estados Unidos

La mayor parte de los niños en los Estados Unidos comienzan la escuela cuando tienen 5 años. Pasan de la escuela primaria a la secundaria y pueden **graduarse** cuando tienen 17 ó 18 años. A veces, van a la **universidad** o a una **escuela de oficios**. Allí, aprenden las habilidades que necesitan para conseguir empleo.

Algunos niños van a escuelas especiales para aprender habilidades que no se enseñan en las escuelas comunes. Por ejemplo, una escuela de karate o una escuela de música. Los niños también pueden ir a una escuela donde les enseñan **religión** o **cultura**.

Todos los niños de los Estados Unidos deben ir a la escuela. A veces, ¡la escuela es en su casa! Estos niños reciben **educación en el hogar**. Les enseñan sus padres, familiares o amigos.

Este niño aprende historia judía y hebreo en una escuela hebrea.

Canadá

En Canadá, la escuela es muy parecida a la de los Estados Unidos. Cinco días a la semana, los niños van a la escuela. La jornada escolar comienza por la mañana y sigue hasta la tarde. Los niños estudian lectura, escritura, matemáticas, ciencias y más.

Existe una diferencia muy grande. En Canadá, hay dos **idiomas** oficiales. Las personas hablan inglés y francés. Los niños aprenden los dos idiomas en la escuela.

English	French
coffee	le café
juice	le jus
computer	l'ordinateur
office	le bureau

En francés, "escuela" se dice *école*.

Australia

Las escuelas en Australia se parecen mucho a las de los Estados Unidos y Canadá. Los niños estudian la misma clase de cosas. Sin embargo, algunos niños viven en la árida parte central de Australia, donde no viven muchas personas. Esta área se llama *outback* o "interior remoto de Australia." Los niños de esta región pueden ir a la escuela a través del Internet. Escuchan a sus maestros y les envían sus trabajos por computadora. Esta escuela se llama "escuela del aire."

No es ninguna novedad que para la mayoría de los niños del mundo, ¡la parte preferida de la escuela sea el recreo!

▼ Dos niños aborígenes comparten una computadora portátil.

una escuela en el monte, en el interior remoto de Australia ▼

13

China

Los niños en China también van a la escuela. Estudian el mismo tipo de cosas que los niños de otros países. Pero su día escolar suele ser más largo. Además, van a la escuela seis días a la semana en lugar de cinco. Su único día libre es el domingo.

En China, los niños no usan letras para leer y escribir. Usan **caracteres**. Los caracteres son como pequeños dibujos. Los caracteres se escriben en columnas de arriba hacia abajo.

Estos caracteres chinos significan *escuela*:

学 校

Los niños de esta fotografía cierran los ojos para pensar cómo resolver un problema difícil.

México

Los niños de México también van a la escuela, aunque sólo están obligados a ir del primero al noveno año. Ir a la escuela es más fácil en las ciudades grandes. Muchos pueblos pequeños no tienen escuelas. Los niños allí no siempre tienen la posibilidad de recibir **educación**.

En algunas partes del mundo, los niños obtienen una calificación en letras por su trabajo. Se le da una *A* al mejor trabajo. Una *F* significa que el trabajo no se aprobó. En México, las calificaciones son numéricas (1–10). Se le da un 10 al mejor trabajo, y de 0 a 6 a los trabajos que no se aprobaron.

Los niños de todo el mundo estudian mucho y se enorgullecen de su trabajo.

Japón

La escuela en Japón puede ser muy difícil. El tiempo libre de juego no suele formar parte de la escuela. Los niños almuerzan en el aula con el maestro. Los niños también limpian el aula. Deben limpiar los escritorios, las paredes e, incluso, barrer el piso.

La escuela en Japón dura la mayor parte del año, con un mes libre en el verano. En Japón, se espera que los niños trabajen tan duro como puedan y aprendan bien muchas cosas.

▼ Una maestra japonesa y sus estudiantes dan las gracias antes de almorzar juntos.

Una estudiante barre el piso. ▼

En Japón, a los maestros se les llama *sensei*.

Después de que el terremoto y el tsunami de marzo del 2011 destruyeron los edificios de las escuelas, se prepararon aulas temporales en un gimnasio de Miyagi.

Kenia

En Kenia, muchos niños van a la escuela caminando. Deben levantarse temprano para llegar a tiempo. Tienen la responsabilidad de llegar a la escuela antes que el maestro para preparar el salón.

Los alumnos estudian muchas cosas. Incluso, estudian **higiene**. Es decir, aprenden a mantenerse limpios. También estudian idiomas. ¡Pueden estudiar hasta tres idiomas diferentes en un solo día!

En la escuela, los niños reciben el almuerzo. Algunos se van a sus hogares después del almuerzo. Otros pagan más dinero para quedarse después de comer.

niños almorzando ▼

Los niños en Kenia pueden aprender muchos idiomas, como suajili, inglés y francés.

de camino a ➤
la escuela

¿Una escuela en el espacio?

Los **astronautas** viajan al espacio desde hace muchos años. Algunos incluso viven en el espacio durante largos períodos. Estudian los efectos del espacio en los seres vivos, como las plantas y las personas. Para ellos, el espacio es como una escuela.

▼ Un astronauta estudia el efecto de la gravedad sobre las plantas.

▲ ¿Serán así los autobuses
escolares del futuro?

Algún día, es posible que **comunidades** enteras vivan en el espacio. Entonces, los niños podrían ir a la escuela en el espacio. Tal vez, las mochilas cohete reemplacen a las actuales, y los niños vayan a la escuela volando. Tal vez, ¡los niños vayan a Marte en una salida de campo!

En el mapa

¿Puedes encontrar todos los lugares mencionados en este libro? ¡Echa un vistazo!

Canadá

Estados Unidos

México

China

Japón

Australia

Kenia

25

¡Riiing!

En el lugar del mundo en que te encuentres, lo más probable es que, al final de la jornada escolar, suene una campana o un timbre. Ese sonido indica que la escuela terminó por el día. ¡Riiing! ¡Riiing! Es hora de guardar los libros e ir a casa. Mañana será un nuevo día para aprender. ¡Adiós!

Glosario

astronautas—personas que viajan al espacio

caracteres—símbolos que se usan para escribir

comunidades—grupos que viven juntos con un gobierno común u otro tipo de relación

cultura—ideas, conocimientos, creencias, costumbres y prácticas que comparten un grupo de personas

educación—conocimientos que se aprenden en la escuela

educación en el hogar—educación que reciben los niños en su hogar por parte de sus padres, familiares o amigos

escuela de oficios—escuela donde se aprende una ocupación, especialmente un oficio

graduarse—recibir un diploma después de completar un programa de estudios

higiene—cuidado personal y limpieza

idiomas—palabras y la forma en que un grupo de personas las usa

religión—conjunto de creencias y prácticas relacionadas con el origen y la naturaleza del universo

universidad—escuela de educación superior para aprender una profesión u otras habilidades avanzadas

Índice